SprachSpielSpaß für die Kita

Jessy Spring | Franky Spring

Verlag an der Ruhr

Zweimal rum und zweimal raus steppt die dicke, graue Maus ...

Neue Sprachspielideen von Rhythmusspiel bis Klatsch-Patsch-Vers

Titel
SprachSpielSpaß für die Kita
Zweimal rum und zweimal raus
steppt die dicke, graue Maus …
Neue Sprachspielideen von Rhythmusspiel bis Klatsch-Patsch-Vers

Autoren
Jessy Spring, Franky Spring

Illustrationen
Anja Boretzki

Innengestaltung
Dagmar & Torsten Lemme, Berlin

Verlag an der Ruhr
Mülheim an der Ruhr
www.verlagruhr.de

Geeignet für Kinder von 2–7Jahren

Unser Beitrag zum Umweltschutz
Wir sind seit 2008 ein ÖKOPROFIT®-Betrieb und setzen uns damit aktiv für den Umweltschutz ein.
Das ÖKOPROFIT®-Projekt unterstützt Betriebe dabei, die Umwelt durch nachhaltiges Wirtschaften zu entlasten.
Unsere Produkte sind grundsätzlich auf chlorfrei gebleichtes und nach Umweltschutzstandards zertifiziertes Papier gedruckt.

ISBN 978-3-8346-2360-7

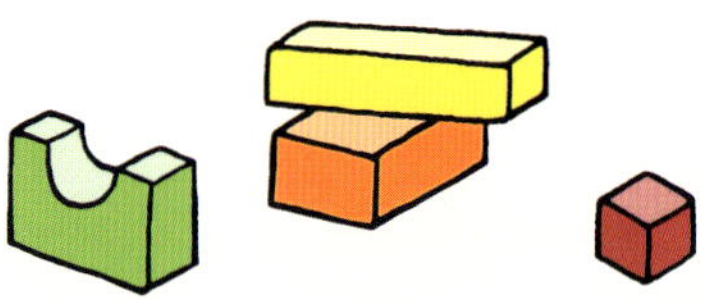

Ein paar Worte vorab

Musik spielt für die kindliche Entwicklung eine wichtige Rolle und sollte in Kindertageseinrichtungen vielfältig eingesetzt werden. Sie fördert bei Kindern die Verfeinerung des Gehörs und trägt zur Entwicklung der kognitiven Fähigkeiten bei. Zudem lernt das Kind beim Singen und Musizieren, sich zu konzentrieren, hinzuhören und einen Rhythmus einzuhalten. Ganz nebenbei übt es seine Aussprache, stärkt seine Stimme und erweitert seinen Wortschatz. In der Musik kann ein Kind seine Gefühle ausdrücken, seine Fantasie spielen lassen, und auch der Gemeinschaftssinn wird durch musikalische Aktionen, z. B. beim Singen in der Gruppe, gestärkt. Musik „erfasst" demnach das Kind auf vielerlei Ebenen, fördert seinen Intellekt und die innere Ausgeglichenheit, sein Denken, Fühlen und Handeln gleichermaßen!

Musik findet täglich Raum im Leben, bei Groß und Klein, im Kindergarten und zu Hause – ob es nun das Singen eines Morgenliedes, Tischgebetes oder Fingerspieles ist, Musik das Bewegungsspiel begleitet, im Stuhlkreis oder im Toberaum eingesetzt wird, ob Geräuschgeschichten oder Rhythmusspiele durchgeführt werden.

Klatsch-und-Patsch-Verse sind ein kleiner Bereich in der Musik, der den Kindern besondere Freude bereitet. In diesem Buch finden Sie rhythmische Klatsch-und-Patsch-Verse, Tänze und kleine Lieder zu vielfältigen Themen. Sie sollen die Vielfalt der musikalischen Beschäftigungen bereichern und Abwechslung in den Kindergartenalltag bringen. Dabei gibt es allerhand Variationsmöglichkeiten, die Spaß machen und die Kinder in ihrer Entwicklung fördern, z. B. das Heben oder Senken der Stimme oder Änderungen im Tempo – mal schnell, mal langsam.

Lustige Spielideen, methodische Hinweise und eingängige Melodien machen die Verse lebendig und erleichtern die Durchführung.

Wir wünschen Euch viel Spaß & Vergnügen

Jessy & Franky Spring

Den Tag begrüßen

In diesem Kapitel finden Sie Verse, Rhythmus-, Klang- und Geräuschspiele, die sich besonders für den Einsatz im Morgen- oder Abschiedskreis eignen.

Dabei werden alltägliche Grüße und Wünsche, Reime rund um das Wetter und die Jahreszeiten, aber auch besondere Tage, wie Geburtstage, berücksichtigt.

So rufen wir den Tag herbei!

Eins, zwei, eins, zwei, eins und zwei,
so rufen wir den Tag herbei!

Drei, vier, drei, vier, drei und vier,
sag doch mal, wie geht es Dir?

Fünf, sechs, fünf, sechs, fünf und sechs,
in die Hose keinen Klecks!

Sieben, acht, sieben, acht, sieben, acht,
heute wird auch viel gelacht!

So rufen wir den Tag herbei!

Heute ist ein neuer Tag! (Frühling)

Heute ist ein neuer Tag,
was der uns wohl bringen mag?
Schau mal aus dem Fenster,
Frohsinn vertreibt Gespenster!
Wir wollen in den Garten,
können es kaum erwarten!
Doch erst mal Schuhe aus,
nach dem Frühstück geht's hinaus!

Heute ist ein neuer Tag! (Frühling)

Hurra, der Sommer ist da!

Wir rufen alle laut: „Hurra!“,
endlich ist der Sommer da!
Im Sommer ist es richtig heiß,
da gibt es Berge voller Eis!

Wir rufen alle laut: „Hurra!“,
endlich ist der Sommer da!
Wir können die Natur erkunden,
dreh‘n im Garten unsre Runden!

Hallo Herbst!

Im Herbst, da fallen bunt die Blätter,
nun gibt's oft Sturm und Regenwetter.
Wenn der Wind bläst wild umher,
das Drachensteigen fällt nicht schwer.

Der erste Schnee

Wenn's endlich schneit, wird viel gelacht,
jetzt gibt's 'ne wilde Schneeballschlacht!
Kohlen, Möhren und 'nen Topf
bekommt der Schneemann auf den Kopf!
Ab hinaus geht's an die Luft,
rote Nas' im Winterduft.

Psssst

Leise, leise, sagen wir.
Leise, leise, sind wir hier.
Leise, leise begrüßen wir den Tag.
Laut, laut, dass uns jeder hören mag!

Tipp:
Lassen Sie die Kinder die ersten drei Zeilen leise sprechen, die letzte Zeile wird dann laut gerufen!

Winzig kleine Füße

Winzig kleine Füße
trappeln leise Grüße!
Winzig kleine Hände
klatschen an die Wände!
Laut woll'n wir nun singen,
lasst den Morgengruß erklingen!

Mit der Sonne im Gepäck

Mit der Sonne im Gepäck
geh' ich von zu Hause weg!
Komm' im Kindergarten an,
zeige allen, was ich kann!
Ich ziehe meine Jacke aus
und hole meine Hausschuh' raus!
Dann häng ich meine Tasche
an den Haken, mit der Lasche!
Das kann ich schon richtig gut,
geh' in die Gruppe frohgemut.
Meine Freunde sind schon hier,
nach dem Frühstück spielen wir!

R-r-regenschirm

Mein R-r-regenschirm ist r-r-rund,
seine Far-r-rben leuchten bunt!
Er schützt bei R-r-regenwetter-r-r
und leuchtet imme-r-r-r nette-r-r-r!
Nett zueinander-r-r sind auch wir-r-r,
einen schönen Tag, den wünsch' ich dir-r-r!

R-r-regenschirm

Ideen zum Mitmachen

Immer wenn im Reim das „R" ertönt,
können die Kinder das Regenwetter anknurren,
nicht einander!

Um das Ganze noch zu verstärken und
einen Gewittereffekt zu erzielen,
kann zusätzlich mit den Füßen getrampelt werden.

Alternativ ist es möglich,
eine Trommel mit
dumpfem Schlag einzusetzen.

Dumdidum – im Kreis herum!

Mit den Händen klatsch-klatsch-klatsch
wie ein Sprung in den Matsch-Matsch-Matsch!
Dreh'n uns rechts mit einem Summ-Summ-Summ,
Dumdidum, im Kreis herum-rum-rum!
Dreh'n uns links mit einem Brumm-Brumm-Brumm,
Dumdidum, im Kreis herum-rum-rum!
Nun steh'n wir alle hier-hier-hier,
gemeinsam tanzen und klatschen wir-wir-wir!

Dumdidum – im Kreis herum!

Ideen zum Mitmachen
Immer wenn ein Wort 3-fach ertönt, sind die Kinder angehalten, laut in die Hände zu klatschen.

In einem zweiten Durchgang können die Kinder jeweils an selbiger Stelle 3-mal laut stampfen. So können nach und nach neue Bewegungen ergänzt werden, beispielsweise hüpfen, in die Hocke gehen.

An der entsprechenden Stelle im Text drehen sich die Kinder im Kreis. Als absolute Steigerung müssen die Kinder in Kombination zum Klatschen, Stampfen oder Hüpfen beachten, in welche Richtung man sich im Kreis drehen soll.

Der Tag beginnt

Ein neuer Tag beginnt,
es freut sich jedes Kind!
Ob groß oder klein,
alle wollen fröhlich sein!

Und von vorne!

Der Tag beginnt

Kindergarten

Wir alle warten
im Kindergarten,
wollen in die Gruppe
als bunte Truppe!
Der Tag wird wunderbar,
ist ja wohl sonnenklar!

Moin, Moin

„Moin", sagt der Ostfriese
winkend auf der Wiese.
Sagt er: „Moin, Moin",
dürft ihr euch freu'n!

Eins, zwei, drei im Trippelschritt

Eins, zwei, drei im Trippelschritt,
alle Kinder gehen mit!

Eins, zwei, drei im Hopseschritt
machen wir uns richtig fit!

Eins, zwei, drei im Schlurfeschritt,
der Tag wird heut' ein echter Hit!

Wiederholen!

Eins, zwei, drei im Trippelschritt

Geburtstagskind

Kommt in den Morgenkreis geschwind,
wir haben heut' ein Geburtstagskind!

Wir alle stehen nah bei dir
mit Geschenken in buntem Papier!

Wir wollen dir ein Liedchen singen
und dir ganz viel Freude bringen!

Woll'n gemeinsam singen und lachen,
zusammen spielen und Späße machen!

Heute werden deine Wünsche wahr,
denn heute bist du unser Star!

Geburtstagskind

Ideen zum Mitmachen

Die Kinder sollten einander an den Händen fassen.

Die Beine können abwechselnd im Takt, mal rechts, mal links, geschwungen werden.

Alternativ besteht die Möglichkeit, sich mit den Armen unterzuhaken und im Takt zu schunkeln.

Zum Ende des Reimes kann man dem Geburtstagskind gratulieren, in dem alle gemeinsam
„Herzlichen Glückwunsch, … *(Name des Kindes)*!“ rufen.

Es regnet

Es regnet Katz und Maus,
heut' mag ich gar nicht raus!
Möchte hör'n das Klopfen
von den Regentropfen!

Klopf-Klopf! Das kann ich auch:
die Finger auf dem Bauch!
Klopf-Klopf! Wie ich das kann,
sind auch die Füße dran!

Zusammen Hand und Fuß,
der Sonne einen Gruß!

Es regnet

Ideen zum Mitmachen

Im ersten Absatz können die Kinder leise sprechen.

Ab dem zweiten Absatz wird die Stimmlautstärke normal, und die Finger klopfen im Takt leicht auf den Bauch, um die Regentropfen zu imitieren.

Dann kommen die Füße dazu, es wird zusätzlich zum Klopfen auf den Bauch im Takt mit den Füßen gestampft.

Im letzten Absatz die Stimme anheben und laut rufen und winken.

Tschüss!

Auf die Plätze, fertig, lauf,
kreuz und quer, und ab und auf!
Geht uns dann die Puste aus,
heißt es „Tschüss“, und ab nach Haus'!

Tschüss!

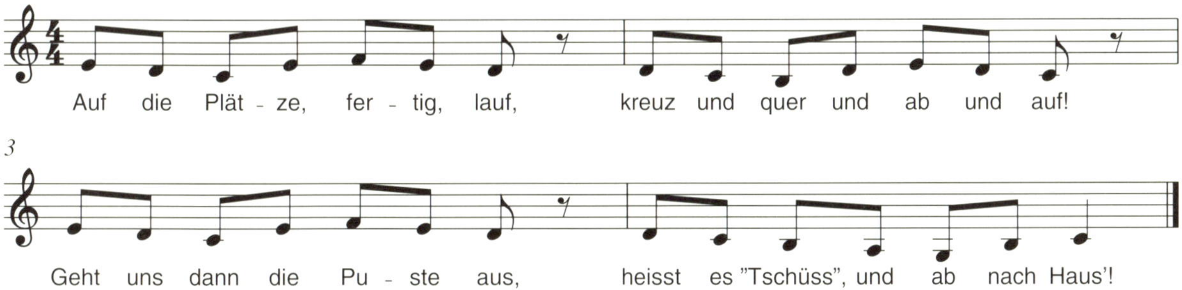
3
Auf die Plät - ze, fer - tig, lauf, kreuz und quer und ab und auf!
Geht uns dann die Pu - ste aus, heisst es ”Tschüss”, und ab nach Haus’!

Heute haben wir Neue hier!

Eins, zwei, drei, vier,
heute haben wir Neue hier!
Fünf, sechs, sieben, acht,
gemeinsam wird viel gelacht!
Eins, zwei, drei, vier,
viel Spaß wünschen wir!
Fünf, sechs, sieben, acht,
keiner wird hier bang gemacht!
Eins, zwei, drei, vier,
spiel ruhig mal mit mir!
Fünf, sechs, sieben, acht,
wir toben, bis die Hütte kracht!

Den Tag erleben

Das zweite Kapitel beinhaltet Verse, Rhythmus-, Klang- und Geräuschspiele zu Dingen, die Kinder in ihrem Kindergartenalltag erleben – sei es drinnen oder auf dem Spielplatz, bei einem Ausflug oder Spaziergang, beim gemeinsamen Kochen oder Basteln. Vielfältig und bunt wird hier durchs Jahr geklatscht, gepatscht, geflüstert oder gebrüllt. Dabei werden selbstverständlich auch besondere Festtage, wie Ostern oder Nikolaus, nicht vergessen.

Zweimal rum und zweimal raus

Zweimal rum und zweimal raus
steppt die dicke, graue Maus!
Einmal hin und einmal her,
das fällt der dicken Maus nicht schwer!
Nochmal hoch und wieder runter,
das hält die Maus fit und munter!
Zweimal rum und zweimal raus
steppt die dicke, graue Maus!

Zweimal rum und zweimal raus

Igelkind

Sieh mal hin geschwind,
dort läuft ein Igelkind.
Es möchte sich verstecken
in Blättern, unter Hecken.
Es träumt dann lang und brav
im langen Winterschlaf.

Wiederholen!

Igelkind

Ideen zum Mitmachen

Mit den Zeigefingern sollen die Kinder im Takt auf der Tischkante trommeln, bei der jeweils letzten Silbe dann der Wechsel zur Faust, mit der einmal auf den Tisch geklopft werden kann.

Alternativ kann mit dem Triangel im Takt geschlagen werden, bei der jeweils letzten Silbe dann an Stelle der Faust mit einem Becken schlagen.

Dabei kann natürlich auch mit der Stimme gespielt werden, indem man sie zum Ende einer jeden Zeile deutlich anhebt.

Den Reim mehrfach wiederholen und dann immer schneller werden lassen, die letzte Wiederholung sollte allerdings zur „Entspannung“ langsam werden oder sogar im Schneckentempo / in Zeitlupe erfolgen.

Kastanien fall'n von oben

Kastanien fall'n von oben
hinunter auf den Boden!

Wir freuen uns darauf,
sammeln alle auf!

Wir basteln uns daraus
Igelfamilie und 'ne Maus!

Kastanien fall'n von oben

Drachenflug

Hörst du das Rauschen der Blätter?
Sch-sch-sch
das ist das Herbstwetter!

Der Wind pfeift uns sein Lied!
Flöt-triller-pfeif
das ist des Sommers Abschied!

Unser Drachen steigt geschwind!
Hui-ui-ui
da freut sich jedes Kita-Kind!

Drachenflug

Ideen zum Mitmachen

Die erste Zeile sollte man jeweils im Flüsterton sprechen.

Die „Geräuschbeschreibung“ darf dann kraftvoll erfolgen.

Gerade mit „ch“- und „sch“-Lauten haben viele Kinder Schwierigkeiten, hier können die Kinder diese Laute üben.

Auch das „Pfeifen“ kann prima ausprobiert werden.

Bei den „ui“-Lauten kann man die Stimme sogar sehr schrill werden lassen.

In der letzten Zeile dann wieder in einen normalen Tonfall zurückkehren.

Rennschnecke

Wir suchen unter den Hecken
ein paar süße Schnecken!
Obwohl sie sind so winzig klein,
tragen sie ihr Häuslein fein!
Wir picken uns die Schönsten raus
und machen einen Wettlauf draus!
Welche Schneck' am schnellsten rennt,
ist jene, die das Ziel erkennt!

Lesestunde

Pst, pst, pst

Wir setzen uns leise in die Runde,
denn jetzt beginnt die Lesestunde!

Pst, pst, pst

Ohren gespitzt und Augen auf,
so nimmt die Geschichte ihren Lauf!

Pst, pst, pst

Bastelstunde

Ritsch und ratsch,
das Blatt gefaltet – klatsch!

Schnipp und schnapp,
auch der Faden ist nun ab!

Pitsch und patsch,
Kleber ran und – matsch!

Wisch und wusch,
den Müll entsorgen – husch!

Trari und trara,
fertig liegt das Bastelwerk da!

Bastelstunde

Ideen zum Mitmachen

Folgende Wörter können hier gestreckt werden:

ri-hitsch, ra-hatsch
kla-hatsch

schni-hipp, schna-happ
a-hab

pi-hitsch, pa-hatsch
ma-ha-tsch

Wi-hisch, wu-husch
hu-husch

Tra-ha-ri-hi, tra-ha-ra-ha
da-ha

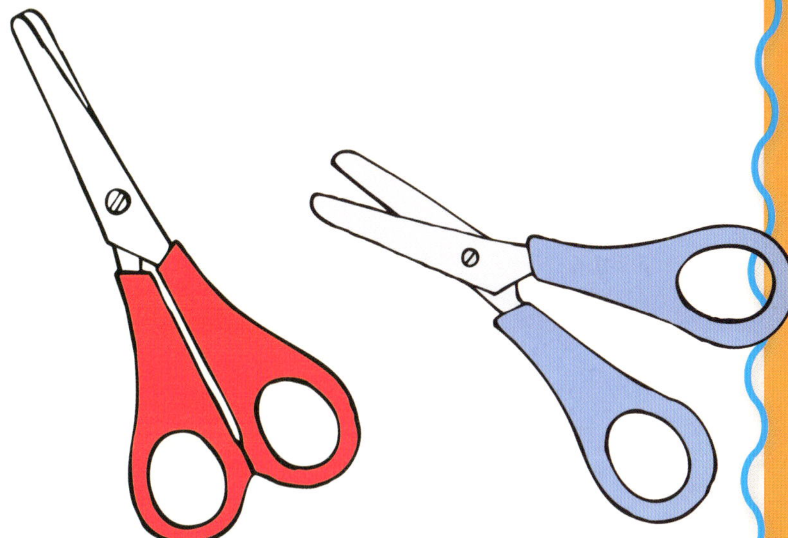

Malstunde

Tunken, rühren, mixen,
alle Farben tricksen!

Alle Farben klecksen,
ineinander hexen!

Tipp:
Wiederholen und dabei
schneller werden!

Malstunde

Tun - ken, rüh - ren, mi - xen, al - le Far - ben trick - sen!
3
Al - le Far - ben kleck - sen, in ei - nan - der he - xen!

Osterhase

Der liebe, süße Osterhase
mit der kleinen Wackelnase
kommt von Weitem zu uns her
und trägt die bunten Eier schwer!
Der liebe, süße Osterhase
mit der kleinen Wackelnase,
er versteckt uns gut ein Nest,
ei, das wird ein schönes Fest!

Osterhase

Der lie - be, sü - ße Os - ter - ha - se mit der klei - nen Wa - ckel - na - se
3
kommt von Wei-tem zu uns her und trägt die bun-ten Ei - er schwer! Der lie-be, sü-ße Ost-er-ha-se
5
mit der klei-nen Wa-ckel-na-se, er ver-steckt uns gut ein Nest, ei, das wird ein schö-nes Fest!

Halloween

Heute ist Halloween,
da kommen wir alle im Kostüm!
Schnitzen einen Kürbis aus,
von innen strahlt das Licht heraus!
Fröhlich lacht er uns an,
und jetzt kommt es drauf an:

„Süßes oder Saures?!"

Halloween

Ideen zum Mitmachen
Der erste Absatz soll leise vorgetragen werden, gerne dabei sanft klatschen.

Alternativ kann man mit einem kleinen Becken Trommelwirbel imitieren.

Zum Ende dürfen die Kinder laut rufen, das Becken darf dann mit einem lauten „Crash" geschlagen werden.

Hat man kein Becken zur Hand, können die Kinder den Trommelwirbel auch mit den Fingern an der Tischkante simulieren. Zum Abschluss dann mit der flachen Hand laut auf die Tischplatte klatschen.

Li-La-Lu-Laterne

Li-la-lu-Laterne,
ich habe dich so gerne!

Li-la-lu-Laterne,
am Himmel steh'n die Sterne!

Li-la-lu-Laterne,
du leuchtest in die Ferne!

Li-la-lu-Laternenlicht,
brenne lang, verlösche nicht!

Li-la-lu-Laterne,
ich habe dich so gerne!

Li-La-Lu-Laterne

Ideen zum Mitmachen

„Li-la-lu-Laterne(nlicht)“ kann immer gerufen werden, der Rest wird im Takt geklatscht und gepatscht.

Hierbei ist es offen gehalten, ob mit Hand oder Fuß geklatscht und gepatscht wird, mit beidem gleichzeitig, oder aber ob Instrumente, z. B. ein Triangel oder Trommeln, eingesetzt werden.

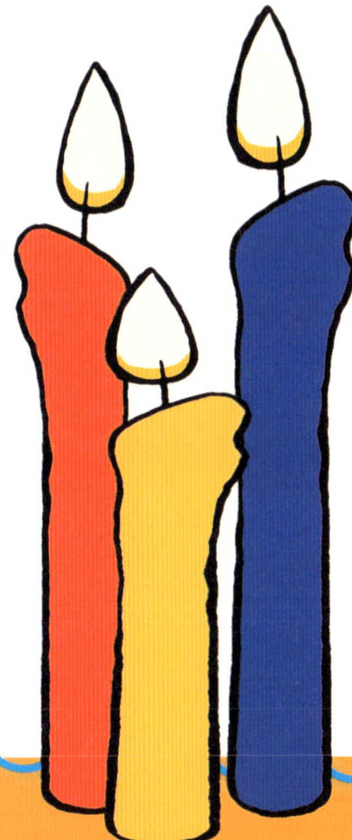

Waldspaziergang

Wir zieh'n uns alle an
für den Waldspaziergang!
Auf den Kopf den Hut,
der steht uns wirklich gut!
Leise sind wir im Wald,
Rehe sehen wir schon bald!
Auch leben kleine Käfer dort,
an diesem schönen, tollen Ort!
Wir ziehen uns alle an
für den Waldspaziergang!

Waldspaziergang

Ideen zum Mitmachen

Der gesamte Reim sollte ruhig gesprochen werden.
Dabei sollte die Stimmlage immer leiser werden,
bis hin zum Flüsterton, den man kaum mehr wahrnimmt.

Parallel kann mit den Füßen leicht getrippelt werden,
sodass zum Ende hin nur noch der getrippelte Takt im Vordergrund zu hören ist.

Vogelnest

Ei, ei, ei der Daus,
schau mal mit uns raus!
Das gibt heut' ein Fest,
dort im Vogelnest!
Kleine Küken piepen,
kannst du auch tschiepen?!

Tipp:
Kinder machen Vogelgeräusche/
versuchen, zu pfeifen etc.

Vogelnest

Ei, ei, ei der Da - us, schau mal mit uns ra - us! Das gibt heut' ein Fest,
4
dort im Vo - gel - nest! Klei - ne Kü - ken pie - pen, kannst du auch tschie - pen?!

Oben auf dem Baum

Oben auf dem Baum,
ja, das glaubt man kaum,
geschützt in einer Hülle,
hängen Kastanien in Fülle.
Fallen, platzen, kullern raus,
schon basteln wir was Nettes draus!

Bunte Blätter

Rot, braun, gelb und grün,
keine Blumen, die mehr blüh'n!
Bunte Blätter sammeln wir
hier und dort und dort und hier!
Dann legen wir die Blätter fein
in ein dickes Buch hinein!
Gepresst sind die Blätter dann,
wunderschön für jedermann!

Nikolaus

Die Stiefel hol' ich aus dem Schrank
und putze sie heut' blitzeblank.
Stelle ein Stiefelein
vor die Haustür artig, fein!
Bitte, lieber Nikolaus,
füll ihn mit dem besten Schmaus!
Denn ich bin ein liebes Kind,
heut' und morgen, ganz bestimmt!

Nikolaus

Die Stie - fel hol' ich aus dem Schrank und put - ze sie heut' blit - ze - blank!
3
Stel - le ein Stie - fe - lein vor die Haus - tür ar - tig, fein! Bit - te lie - ber Ni - ko-laus,
6
füll ihn mit dem bes-ten Schmaus! Denn ich bin ein lie-bes Kind, heut' und mor-gen, ganz be-stimmt!

Türmchen

Dort auf dem Türmchen
stehen zwei Würmchen,
winken mit dem Ärmchen,
machen dabei Lärmchen!
Dort auf dem Türmchen
stehen zwei Würmchen!

Türmchen

4
Dort auf dem Türm - chen ste - hen zwei Würm - chen, win - ken mit dem Ärm - chen,
ma - chen da - bei Lärm - chen! Dort auf dem Türm - chen ste - hen zwei Würm - chen!

Kleine Köche

Heute woll'n wir machen
lauter leck're Sachen!
Binden eine Schürze um,
stehen nicht im Wege rum!
Doch bevor wir naschen,
schnell die Hände waschen!
Rühren, kneten, würzen fein,
mmmh, wie wird das lecker sein!

Regenwetter!

Tropf, tropf, tropf,
es regnet auf den Kopf!
Ich zieh', so schnell ich kann,
die Regenjacke an,
die Matschhose dazu,
fertig bin ich im Nu!

Tropf, tropf, tropf,
es regnet auf den Kopf!
Gummistiefel über den Socken
halten auch die Füße trocken!
Auf dem Kopf die Mütze,
so hüpfen wir in die Pfütze!

Tropf, tropf, tropf,
es regnet auf den Kopf!

Regenbogen

Wenn die Sonne fröhlich scheint
und der Himmel bitter weint,
siehst du am Horizont im Nu
einen Regenbogen dazu!

Regenbogen

Ideen zum Mitmachen

Das Scheinen der Sonne kann man mit einem fröhlichen Pfeifen imitieren.

Die Kinder können sich dabei zusätzlich im Takt hin und her bewegen. Das geht sowohl im Sitzen als auch im Stehen.

Der weinende Himmel sollte mit leichtem Trippeln der Füße nachgeahmt werden. Dies gleicht einem „Trommelwirbel", der den schönen Regenbogen ankündigt.

Zum Schluss die Arme siegesreich in die Höhe recken und dabei klatschen oder mit den Armen einen Regenbogen in die Luft zeichnen.

Natürlich kann man auch verschiedenartig auf den Tisch klopfen oder klatschen – ob mit der Handfläche oder der Faust, den Fingerknöcheln, einem Finger oder mehreren.

Alternativ können hier Triangel und Pauke/Trommel/Bongo o. Ä. zum Einsatz kommen.

Im Sandkasten

Im Sandkasten, schau,
was ich da alles bau'!
Einen Kuchen, groß und lecker,
ganz ohne Geklecker!
Ich dreh das Förmchen einfach um,
klopf' mit der Schaufel: bumm, bumm, bumm!

Im Sandkasten

Schaukeln macht Spaß

Schaukeln, das macht Spaß!
Ich gebe richtig Gas!
Die Beine vor und zurück,
das ist für mich das größte Glück!
Hoch und höher, sieh nur her,
Schaukeln fällt mir gar nicht schwer!

Tipp:
Stimme senken und heben!

Schaukeln macht Spaß

Ri-Ra-Rutsch

Ri-Ra-Rutsch –
mit dem Popo auf die Bahn,
so komm' ich ganz flink unten an!
Ri-Ra-Rutsch –
lege mich flach auf den Rücken,
so kann Rutschen auch verzücken!
Ri-Ra-Rutsch –
jetzt versuch ich's auf dem Bauch
und rufe: „Super, das geht auch!"
Ri-Ra-Rutsch!

Ri-Ra-Rutsch

Ideen zum Mitmachen

Ein netter Reim, der beim Rutschen eingesetzt werden kann.
Dabei kann beispielsweise im Takt die meist kurze Leiter erklommen werden:

Ri: Sprosse 1
Ra: Sprosse 2
Rutsch: Sprosse 3 etc.

Gibt es mehr Sprossen, so kann man das „Ri-Ra-Rutsch" beliebig oft wiederholen.

Den Rest des Reimes kann das Kind beim Rutschen und Wiederherumlaufen zum erneuten Anstellen rufen, singen, schreien etc., so wie es sich beim Spielen ergibt.

Drei verschiedene Strophen finden hier Anwendung, dann dürfen andere Kinder rutschen.

Schmetterling

Schmetterling, oh Schmetterling,
du flatter-flatter-haftes Ding!
Bist so bunt und fein,
froh lässt du mich sein!

Schmetterling, oh Schmetterling,
du flatter-flatter-haftes Ding!
Fliegst hier hin und her,
das fällt dir gar nicht schwer!

Schmetterling, oh Schmetterling,
du flatter-flatter-haftes Ding!
Erfreue mich an dir,
du wunderbares Tier!

Schmetterling

Ideen zum Mitmachen
Immer wenn das Wort „Schmetterling" fällt,
sollte ein heller Klang ertönen, z. B. von einem Triangel.

Bei dem „flatterhaften Ding" kann im Takt mit den Armen geflattert werden.

Bei den restlichen Zeilen sollte mit der Stimme gespielt werden:
abwechselnd laut und leise bis hin zum Flüsterton.

Spinnenquatsch

Ratz, fatz,
ein Spinnennatz!
Letz, fetz,
ein Spinnennetz!
Ritz, fitz,
ein Spinnennitz!
Rotz, motz,
ein Spinnennotz!
Rutz, futz,
ein Spinnennutz!
Quatsch ist das,
mit viel Spaß!

Spinnenquatsch

Ideen zum Mitmachen

Hier stehen die fünf Vokale im Vordergrund:
A-E-I-O-U

Diese sollten zu Beginn kurz aufgesagt werden. Dann gibt der Erzieher/die Erzieherin oder auch ein Kind einen Vokal vor. Beim Aufsagen des Reimes sollen die Kinder an entsprechender Stelle im Reim klatschen oder stampfen. Das können auch mal zwei Vokale in der Vorgabe sein, dann drei etc. – es kann also eine Steigerung eingebaut werden. Die Kinder werden so zum genauen Hinhören angeleitet.

Alternativ kann man wieder Instrumente, wie Triangeln oder Becken, nutzen.
Auch Trommeln sind denkbar.

Mauseloch

Ja, siehst du dort das Mauseloch?
Die Maus, die sitz dort hinten doch!

Die Maus, die sitzt dort immer noch,
in ihrem kleinen Mauseloch!

Mauseloch

Ja, siehst du dort das Mau - se - loch? Die Maus, die sitzt dort hin - ten doch! Die
3
Maus, die sitzt dort im - mer noch, in ih - rem klei - nen Mau - se - loch!
3

Jahreszeiten

Die Jahreszeiten erklär' ich dir,
insgesamt, da gibt es vier:
Frühling, Sommer, Herbst und Winter,
ein ganzes Jahr steckt so dahinter!

Tipp:
Wiederholen mit verschiedenen
Variationsmöglickeiten:
Tempo (schnell – langsam)
Lautstärke (flüstern, schreien etc.)

Den Tag begleiten

In diesem Kapitel liegt der Fokus der Verse, Rhythmus- und Geräuschspiele auf den alltäglichen Situationen, die den Tag begleiten: vom Miteinander in der Kindergruppe übers Mittagessen, Schlafen, Naseschniefen und Zähneputzen bis zum Aufräumen – alles ist dabei!

Danke für das Essen

Danke für das Essen,
es ist wohl angemessen:
Wollen weder matschen,
noch dabei viel quatschen!
Ein jeder, der isst mit,
wünscht „Guten Appetit!"

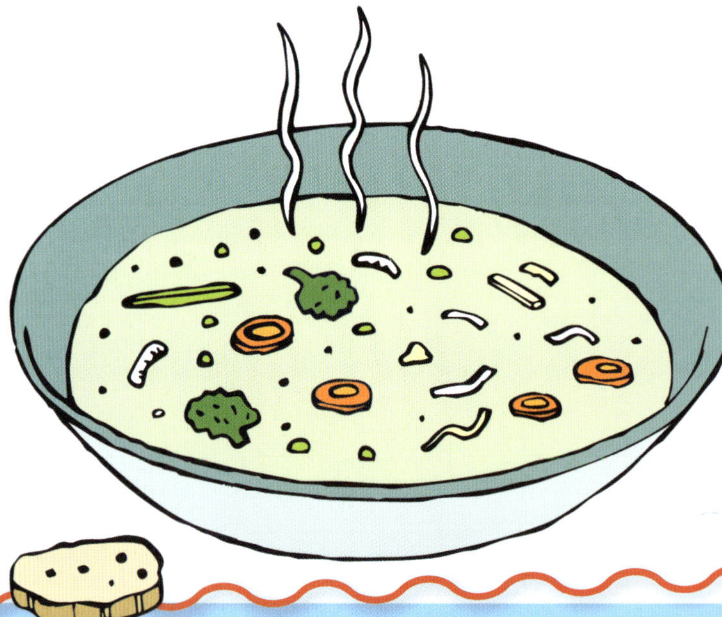

Danke für das Essen

Ideen zum Mitmachen
Im Takt mit den Fäusten leicht auf den Tisch klopfen (wenn es erlaubt ist, auch mit Besteck in der Hand).

Bei „Guten Appetit“ innehalten und dies stattdessen einander laut zu rufen.

Wochentage

Hör mal zu, was ich dir sage:
Die Woche, die hat sieben Tage!
Montag, Dienstag, Mittwoch,
die halbe Woche folgt noch:
Donnerstag, Freitag, Samstag!
Doch was ich am liebsten mag:
Nun kommt noch der Sonntag dran,
dann fängt die Woche von vorne an!

Wochentage

Ideen zum Mitmachen

Den Reim mehrmals wiederholen, dabei gibt es verschiedene Variationsmöglichkeiten:

Zum einen kann man das Tempo variieren:

- schnell, langsam, schnell oder
- langsam, schnell, langsam.

Zum anderen kann man die Lautstärke und Sprechart variieren:

- leise sprechen
- „Normal"-Ton
- Rufen/Schreien
- Quietschen
- mit tiefer Stimme
- mit hoher Stimme.

Durch die Wiederholung des Verses prägen sich die Wochentage besser ein.

Schrupp-schrüpp-schrüppedü

Schrupp-schrüpp-schrüppedü,
ganz einfach, ohne Müh',
packe ich die Pastawürste
rauf auf meine Zahnbürste!

Schrupp-schrüpp-schrüppedü,
ganz einfach, ohne Müh',
die Bürste in den Mund hinein,
putz ich die Zähne sauber fein.

Schrupp-schrüpp-schrüppedü,
ganz einfach, ohne Müh'!

Schrupp-schrüpp-schrüppedü

Aufräumspiel

Ich hab' da eine Idee,
Aufräumen tut nicht weh!
Ich mach' mir einen Spaß
und gebe kräftig Gas!
Die Bauklötze, bunt und fein,
kommen in die Kisten rein!
Die Bücher finden ohne Qual
ihren Stammplatz im Regal!
Die Stifte kommen in die Becher
gleich hinter die Bastelfächer!
Räume alles ganz fix ein
und gehe dann freudig heim!

Aufräumspiel

Ideen zum Mitmachen

Mit diesem „Aufräumspiel" kann man die Kinder animieren, gemeinsam aufzuräumen.

Dazu unterteilt man die Kinder in kleine Gruppen und gibt jeder Gruppe eine andere Aufgabe, z. B. „Bauklötze wegräumen". Kind A räumt dabei die roten weg, Kind B die blauen Kind C die gelben etc.

Dabei lässt man die Verse aufsagen. Der Geräuschpegel wird natürlich anschwellen, aber man kann versuchen, einen Kontrast herzustellen, indem man die Verse flüstert und zum Schluss alle Kinder gemeinsam sprechen lässt.

Mittagsschlaf

Hab' getobt, gespielt, gegessen,
daher ist es angemessen,
sich nun ein wenig auszuruh'n,
und einfach einmal nichts zu tun!
Ich lege mich ins Bett hinein
und träum' vom Tanz im Sonnenschein,
vom Märchenschloss und Zauberwald
und von dem Räuber Archibald.
Dann bin ich munter, frisch und fit,
so wird der Nachmittag ein Hit!

Mittagsschlaf

Ideen zum Mitmachen

Um ein wenig Ruhe in die Runde zu bekommen, sollte man hier nur leicht im Takt die Hände klatschen. Dabei kann man auch in jeder zweiten Zeile die Hände ruhen lassen.

Alternativ kann man mit einem „Pinsel" (bei Drums sind das die so genannten Brushes bzw. Besen) leicht auf ein Becken oder eine Trommel/Bongo schlagen.

Helfende Hände

Zwei plus zwei macht vier,
vier Hände helfen dir!
Das geht schneller als allein,
lass mich doch dein Helfer sein!

Helfende Hände

Nacheinander

Alle auf einmal,
das geht nicht,
nacheinander,
das ist Pflicht!

Tipp:
Wiederholen
und schneller
werden!

Nacheinander

Hatschiii

Hust, schnief, krächz, hatschi:
Rotznäschen mag ich nie!
Ich brauche schnell ein Taschentuch,
das ich in meiner Tasche such'.
Hust – die Hand schnell vor den Mund!
Liebe Freunde, bleibt gesund!

Hatschiii

Ideen zum Mitmachen

Bei den Wörtern:

Schnief! – Schniefen
Hust! – Husten
Krächz! – Krächzen
Hatschi! – Niesen

Und mit den Händen im Takt klatschen.

Sonne und Regen

Die Sonne scheint, sieh her,
es regnet gar nicht mehr!
Gemeinsam geht's hinaus
mit Jubel und Applaus!

Es regnet leis', sieh her,
die Sonne scheint nicht mehr!
Wir schleichen wieder rein
und spielen drinnen, fein!

LESE
BUCH

Verlag an der Ruhr

Postfach 10 22 51 • 45422 Mülheim an der Ruhr
Telefon 030/89 785 235 • Fax 030/89 785 578
bestellungen@cornelsen-schulverlage.de
www.verlagruhr.de

Es gelten die Preise auf unserer Internetseite.

SprachSpielSpaß für die Kita

2, 4, 6, 8 Spinnenbeine, du musst suchen ganz alleine ...

Neue Sprachspielideen von Abzählvers bis Abschiedsreim

Klaus Zunke

2-7 J., 104 S., A5 - quer, Paperback

ISBN 978-3-8346-2224-2

SprachSpielSpaß für die Kita

Hoch die Nase, hoch das Bein, dann buddel' ich den Knochen ein ...

Neue Sprachspielideen von Fingerspiel bis Hüpfspielvers

Nicola Steinmeyer, Gisèle Steinmeyer

2-7 J., 104 S., A 5 - quer, Paperback

ISBN 978-3-8346-2225-9

SprachSpielSpaß für die Kita

Schnelle Schnecken, runde Ecken, lass uns diesen Quatsch entdecken ...

Neue Sprachspielideen von Nonsens-Vers bis Rätselreim

Ute Schröder

2-7 J., 104 S., A 5 - quer, Paperback

ISBN 978-3-8346-2359-1

Keiner darf zurückbleiben